JULES ROUQUETTE.

GAMBETTA

NOUVELLE ÉDITION

AVEC PORTRAIT ET AUTOGRAPHE

SOMMAIRE :

Premières années. — Le nouvel Horatius Coclès. — Tournois oratoires du café Procope. — La souscription Baudin. — Gambetta irréconciliable. — Le 4 septembre. — Voyage du ballon l'*Armand-Barbès*. — La délégation de Tours. — L'œuvre de Gambetta. — Capitulation de Metz. — Bazaine au pilori de l'histoire. — La lutte en province. — Désastres amenés par la capitulation de Paris. — Protestation et retraite de Gambetta. — Discours de Bordeaux. — Son attitude à l'Assemblée nationale. — La politique des radicaux. — Voyages en province. — Le discours de Grenoble — La commission d'enquête. — La dissolution. — Gambetta républicain progressiste.

Prix : 1 fr. 50.

PARIS

BUREAU DES CÉLÉBRITÉS CONTEMPORAINES

11, RUE JACOB, 11

VIENT DE PARAITRE :

A PARIS, AU BUREAU DES CÉLÉBRITÉS CONTEMPORAINES

11, RUE JACOB, 11

ET CHEZ TOUS LES LIBRAIRES

GAMBETTA

PAR

JULES ROUQUETTE

NOUVELLE ÉDITION

AVEC PORTRAIT ET AUTOGRAPHE

UN TRÈS-JOLI PETIT VOLUME IN-16 SUR MAGNIFIQUE PAPIER

PRIX : 1 FR. 50

ENVOI FRANCO PAR LA POSTE

SOMMAIRE DE L'OUVRAGE

Premières années. — Tournois oratoires du café Procope.
— La souscription Baudin. — Gambetta irréconciliable.
— Le 4 septembre. — Voyage du ballon l'*Armand-Barbès*.
— La délégation de Tours. — L'œuvre de Gambetta. —
Capitulation de Metz. — Bazaine au pilori de l'histoire. —
La lutte en province. — Désastres amenés par la capitula-
tion de Paris. — Protestation et retraite de Gambetta. —
Discours de Bordeaux. — Son attitude à l'Assemblée natio-
nale. — La politique des radicaux. — Voyages en province.
— Le discours de Grenoble. — La commission d'enquête.
—La dissolution. — Gambetta républicain progressiste.

Prière de reproduire l'annonce ci-dessus.

Imprimé par Charles Noblet, Soufflot, 18.

GAMBETTA

JULES ROUQUETTE.

GAMBETTA

NOUVELLE ÉDITION ORNÉE D'UN PORTRAIT.

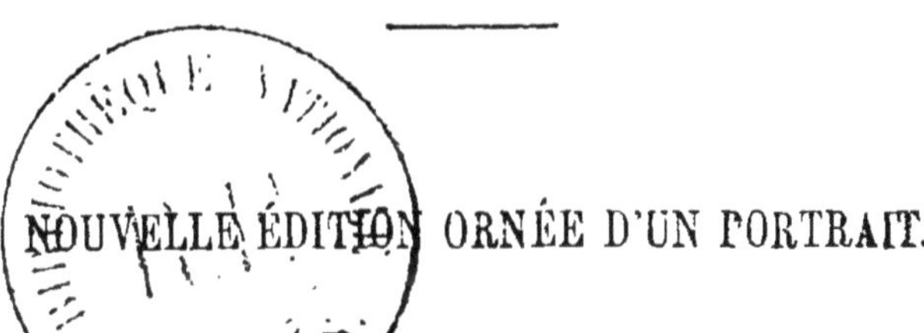

SOMMAIRE :

Premières années. — Le nouvel Horatius Coclès. — Tournois oratoires du café Procope. — La souscription Baudin. — Gambetta irréconciliable. — Le 4 septembre. — Voyage du ballon l'*Armand-Barbès*. — La délégation de Tours. — L'œuvre de Gambetta. — Capitulation de Metz. — Bazaine au pilori de l'histoire. — La lutte en province — Désastres amenés par la capitulation de Paris. — Protestation et retraite de Gambetta. — Discours de Bordeaux. — Son attitude à l'Assemblée nationale. — La politique des radicaux. — Voyages en province. — Le discours de Grenoble. — Gambetta républicain progressite.

PARIS

BUREAU DES CÉLÉBRITÉS CONTEMPORAINES

6, RUE JACOB, 6.

1873

Monsieur le général,

Vers la fin du mois de janvier 1871 j'ai régula-
risé votre situation et signé plusieurs nomi-
nations vous concernant; titre de Chef d'esca-
dron dans l'armée régulière, l'octroi de Lieutenant
Colonel dans l'armée régulière, le 8 comme
général de division au titre auxiliaire.
J'ai la certitude d'avoir remis ces trois pièces
à Mr. De Freycinet mon délégué qui les
a nécessairement transmises aux bureaux.

Je suis heureux de pouvoir saisir
cette occasion de déclarer combien vous êtes
digne du poste que mes fonctions de
ministre de la République ci avaient
permis de vous confier;

Veuillez agréer l'assurance de
ma parfaite estime pour vous
talent et votre caractère.

Léon Gambetta

Bordeaux ce 15 février 1871

Lettre adressée à Mr. l'ex-Général Cremer.

LÉON GAMBETTA.

GAMBETTA

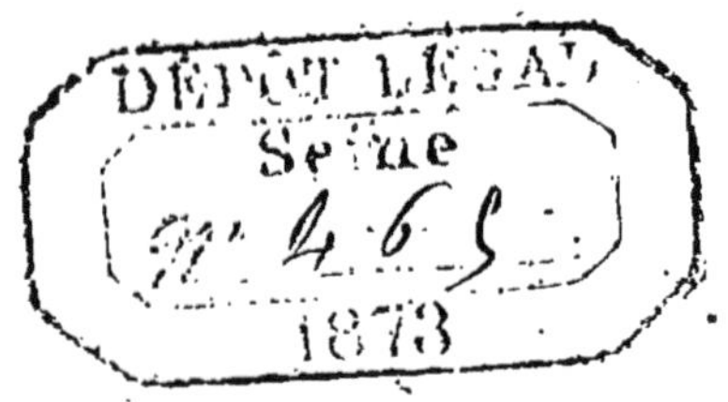

La Prusse venait de nous infliger notre première défaite.

C'était à Wissembourg et à Reischof-fen.

Frappé d'étonnement, je me disais : C'est une surprise; il y a une revanche à prendre.

J'avais foi dans la bravoure de nos soldats, dans la fortune de la France.

Pourtant, lorsque je consultais la liste des généraux auxquels celui qui se disait le neveu de Napoléon avait confié la conduite de nos armées, un pli se formait sur mon front ; le doute ridait mon esprit.

Là, insuffisance. Ici, incapacité et lâcheté. Ailleurs, turpitude et félonie. Partout la France livrée ou trahie.

Alors arriva le désastre de Sedan, qui plongea dans la stupeur les plus prévoyants. C'était un de ces malheurs horribles, inattendus, immenses, qui retournent du coup les destinées d'un peuple.

Nous n'étions pas au fond de l'abîme.

Les barbares inondaient nos provinces et semaient partout le viol, la dévastation, la mort.

Pourtant la République était proclamée et acclamée.

Un moment on put croire que la France

retrouverait son génie révolutionnaire et son énergie patriotique, qui l'avaient sauvée en 1792.

Toutefois les hommes qui avaient pris en main les destinées de la France étaient suspects à plus d'un titre.

Les uns avaient perdu la République en 1848. On connaissait leur incapacité.

Les autres prodiguaient les belles paroles, lorsqu'il fallait des actes.

Mais Paris était investi. La patrie était comme décapitée. Je me disais : Qui donc sauvera la France?

Il y avait à Metz Bazaine qui attirait tous les regards. Il était notre dernier espoir.

On était bien un peu inquiet sur son ambition; on redoutait qu'il ne fît payer cher ses services. Son immoralité, ses sinistres intrigues, le souvenir de sa fatale conduite au Mexique, nous tenaient dans une attente pleine d'anxiété et d'angoisses.

Bazaine!

Sera-t-il Monck?

Sera-t-il Bonaparte?

Sera-t-il Washington?

Viendra-t-il, après les défaites de la monarchie, restaurer soit l'odieux empire de Sedan, soit la royauté de Juillet, qui jeta la France aux pieds de l'Europe, l'aplatit devant l'Angleterre et la fit descendre au rang de puissance de troisième ordre?

Sera-t-il César, et, s'il ose affronter le poignard de Brutus, nous ramènera-t-il le despotisme militaire de Bonaparte, qui, après avoir ravagé l'Europe, la déchaîna contre nous et livra la France à l'invasion, au démembrement?

Sera-t-il Aristide, et a-t-il déjà le cœur cuirassé contre notre ingratitude, prêt à abdiquer, prêt à s'exiler?

Bazaine!

Il a capitulé honteusement.

Ulm, Baylen étaient dépassés!

Le général Dupont devient un héros à côté de l'homme de Metz!

Metz l'immaculée, Metz la pucelle, Metz qui avait arrêté la fortune de Charles-Quint, subissait le joug de l'étranger.

Strasbourg aussi était au pouvoir de la Prusse.

Quelle tempête!

Les coups de foudre s'abattaient bruyants pressés, nombreux, sur notre sol où un ciel plein d'orage déchargeait tous ses éclairs et tous ses tonnerres.

Nos armées sont prisonnières; plus de soldats, plus de canons, plus de fusils, plus de munitions enfin pour nous défendre.

Qui donc frappera du pied le sol de la patrie pour en faire sortir des légions?

Qui donc improvisera des armes?

Il faut des hommes, du fer, de la poudre, de l'airain.

Il en faut tout de suite, ou nous sommes perdus.

Où sont nos héros de l'Argonne, de Jemmapes et de Fleurus?

A nous, Jourdan, Hoche, Marceau, vertueux et fiers soldats de la République!

A nous, Dumouriez, vainqueur des Prussiens, à nous! quand bien même tu devrais nous trahir encore.

A nous, Bonaparte, génie fatal, viens renouveler les prodiges d'Arcole et d'Iéna, dussions-nous revoir les désastres de Moscou et de Waterloo.

Eh! quoi, Athènes, l'Athènes de Thémistocle, sera livrée à sac par Sylla! et Carthage, la Carthage d'Annibal, tombera sous les coups de Scipion, et Paris, lui qui fit trembler la France et l'Europe, subira le joug d'un Bismark, d'un Moltke, d'un Guillaume!

Qui donc sauvera la France?

Au milieu de nos ruines, un homme avait surgi.

Il avait pris en main la défense nationale.

Cet homme était le général Trochu.

Il avait juré de vaincre ou de mourir, il avait des hommes héroïques, des canons, de la poudre, des remparts imprenables ; il avait dit : Je ne capitulerai jamais, et, en digne émule de Bazaine, plus coupable que le lâche de Sedan, il a livré Paris, Paris frémissant, Paris indomptable, Paris prêt à combattre et à vaincre.

Oh ! les généraux de l'empire ! Sans talent, sans patriotisme, sans foi, n'ayant de courage que sur la place publique pour faire égorger une population désarmée.

11

Un homme pourtant eût pu sauver la
France et la République.

Cet homme, la basse jalousie des gou-
vernants de Paris l'a brisé !

Gambetta !

C'était Carnot organisant la victoire !
c'était Danton soulevant de sa voix puissante les populations fanatisées !

La plate ambition des Trochu, des Jules Favre, des Picard, a étouffé ce lion
dont les rugissements épouvantaient déjà
Bismark et la Prusse, la réaction et les
prétendants.

Ecoutez le récit de sa carrière, si courte
et si bien remplie !

Léon Gambetta naquit le 30 octobre

838. Il a du sang gaulois et du sang ita-
en dans les veines. Aussi son talent of-
e-t-il le double caractère de la finesse et
e l'emportement. Son père est Génois.

Il exploitait, sur la place de la Cathé-
rale, le fonds d'épicerie le mieux acha-
ndé de Cahors. Aussi, en voyant pros-
érer son commerce, le père du futur tri-
un rêva-t-il pour son fils des destinées
lus hautes que celles d'épicier. Or, la
lus grande ambition des familles méri-
ionales a longtemps été d'avoir un prêtre
armi ses membres. Le jeune Léon était
onc destiné à la soutane avant qu'il eût
ongé à revêtir la toge. Son éloquence
récoce faisait peut-être présager un Bos-
uet. Nous avons eu un Vergniaud; la
rance n'y a rien perdu, et nous sommes
le ceux qui croient que pour éclairer le
euple la chaire ne vaut pas la tribune.

Léon Gambetta était mal à l'aise au pe-
it séminaire de Montauban, où sa famille

l'avait placé. Cette éducation religieuse, cette claustration asphyxiante, cette vie dévote n'allaient pas à son âme ardente, à son esprit indépendant et oseur.

— Si tu ne me retires pas d'ici, écrit-il à son père, je me crève un œil.

On ne fit que rire de cette menace. Mais le père dut accourir lorsqu'une lettre du supérieur lui apprit que son fils s'était plongé dans l'œil une lame aiguë. L'enfant fut soigné, il fut guéri, mais il demeura au séminaire.

Gambetta résolut de renouveler le même expédient héroïque.

Il annonce à son père qu'il est prêt à se crever l'autre œil.

Celui-ci n'attend pas l'effet de la menace, et le nouvel Horatius Coclès, sortant triomphalement du séminaire, alla terminer ses études au collége de Cahors.

Il s'y distingua immédiatement par une aptitude spéciale pour les lettres ; il s'a-

breuva largement aux sources grecques et
latines. Tacite et Démosthènes étaient ses
auteurs favoris. L'un lui a fourni les armes
qui lui conquirent son premier succès ;
l'autre a été son inspirateur et son mo-
dèle.

Eschine, orateur d'Athènes, avait fondé
sur la terre d'exil une école d'éloquence.

Il lisait à ses élèves un discours de Dé_
mosthènes qui excita parmi les auditeurs
des transports d'admiration.

— Que diriez-vous donc, s'écria Eschine, si vous entendiez mugir ce taureau ?

Comme le grand orateur grec, Gambetta
possède la forme, l'idée, le mouvement,
unis à la puissance de l'organe.

Il réunit presque toutes les qualités phy-
siques et intellectuelles du tribun.

Le torse est ample et bien développé.
Les poumons jouent largement dans une
vaste poitrine.

La tête, expressive et intelligente, pré-

sente ce type mâle et fier des physiono-
mies méridionales.

Sa voix sonore et puissante, faite comme
celle de Démosthènes, qui dominait le
bruit des vagues courroucées, pour retentir au-dessus des bruissements de la
foule, éclate comme la tempête, siffle et
grince sous l'ironie, retentit avec des mar-
tellements métalliques, lorsqu'il brise et
pulvérise les arguments d'un adversaire.

La parole, facile, élégante, a des égare-
ments calculés avec un art profond. L'é-
motion, l'enthousiasme, l'entraînement,
sont entre ses mains des instruments de
persuasion qu'il fond et pétrit avec une
habileté prodigieuse.

Dans la fougue de ses plus grands emportements, il est toujours maître de
l'expression, et il la choisit sûre et précise.

Il n'est pas jusqu'à son œil de verre qui

n'ajoute un côté fascinateur à sa physionomie étrange.

Lorsqu'une discussion s'anime, sa tête
se penche en avant vers l'adversaire, tandis que son œil, le vrai, celui qui est demeuré intact, se ferme et s'éteint. Il ne
reste à ce bizarre cyclope de la tribune
que son œil de verre, brillant, mais immobile et sans regard.

Cette fixité inéluctable, cette immobilité
inflexible au milieu des orages de l'éloquence produisent un effet saisissant, assez semblable au regard fascinateur du
serpent.

Doué d'une immense faculté d'assimilation, cet avocat, qui sait enlever les masses
et les tenir suspendues, palpitantes, à ses
lèvres, devenait tout d'un coup administrateur profond, tacticien audacieux et
traînait les généraux à la victoire.

L'aigle aime le soleil. Pour un futur
tribun, le soleil, c'est Paris.

En 1857, Gambetta faisait son stage d'avocat à Paris.

Les beaux jours du café Procope étaient revenus. On n'y entendait plus les disputes de Voltaire, de Rousseau et de tant d'autres beaux-esprits du dix-huitième siècle. Les discussions qu'on y soutenait avec autant d'éclat que par le passé étaient plus ardentes et plus passionnées. On s'élançait à fond de train dans la politique, la religion, les lettres, le droit, les arts, la philosophie.

C'étaient de véritables tournois d'éloquence où Gambetta se faisait remarquer par la verve, l'entrain, la souplesse et l'éclat de son élocution.

Malgré ces qualités brillantes, Gambetta était peu connu en 1868.

Sa réputation n'avait pas franchi les limites du Palais de Justice et de quelques cercles intimes.

Il s'éleva subitement d'un coup d'aile.

III

C'était le 17 novembre. Le châtiment commençait déjà pour l'homme du coup d'Etat, qui est devenu l'homme de Sedan. Les victimes de Décembre soulevaient la pierre de leur tombe, et, de leur voix menaçante, accusaient Bonaparte.

Les taches de sang reparaissaient.

La démocratie, pour punir l'assassin, saisissait le jour de l'anniversaire du crime et rendait un éclatant hommage à la victime.

Le criminel impérial appelait cela des manœuvres à l'intérieur.

Le journal le *Réveil* avait été un des premiers à ouvrir une souscription pour élever un monument sur la tombe du représentant Baudin, tombé en défendant la République.

Immédiatement poursuivi par une magistrature complaisante, M. Delescluze chargea Gambetta de sa défense.

L'occasion était belle. Notre orateur fut à la hauteur de sa mission.

Sa voix retentit tout à coup comme un coup de foudre au sein du prétoire. Ce fut une révélation.

Gambetta apporta dans sa plaidoirie tout ce qu'il avait d'énergie, de verve et d'audace. Il ouvrit brusquement le flot longtemps amassé de ses justes rancunes, de ses haines sacrées ! En vain le président voulut mettre une digue à ce débordement. La vague montait toujours, impétueuse, irrésistible !

« Ecoutez, s'écrie l'orateur, voilà dix-sept ans que vous êtes les maîtres absolus, discrétionnaires de la France, — c'est votre mot, — nous ne rechercherons pas l'emploi que vous avez

fait de ses trésors, de son sang, de son honneur
et de sa gloire, nous ne parlerons ni de son intégrité compromise, ni de ce que sont devenus les
fruits de son industrie, sans compter que personne n'ignore les catastrophes fiuancières qui,
en ce moment même, sautent comme des mines
sous nos pas ; mais ce qui vous juge le mieux,
parce que c'est l'attestation de vos propres re-
mords, c'est que vous n'avez jamais osé dire :
Nous célébrerons, nous mettrons au rang des solennités de la France, le 2 décembre comme un
anniversaire national ! et cependant, tous les
régimes qui se sont succédé dans ce pays se sont
honorés du jour qui les a vus naître : ils ont
fêté le 14 juillet, le 10 août, les journées de juillet 1830 ont été fêtées aussi, de même que le
24 février. Il n'y a que deux anniversaires, le
18 brumaire et le 2 décembre, qui n'ont jamais
été mis au rang des solennités d'origine, parce
que vous savez que, si vous vouliez les y mettre,
la conscience universelle les repousserait. Eh
bien ! cet anniversaire dont vous n'avez pas
voulu, nous le revendiquons, nous le prenons
pour nous : nous le fêterons toujours, incessam-
ment, chaque année, ce sera l'anniversaire de
nos morts, jusqu'au jour où le pays, redevenu le

maître, vous imposera la grande expiation na
tionale, au nom de la liberté, de l'égalité, de la
fraternité ! »

Le lendemain, toute la presse se fit l'é-
cho de cette tempête d'éloquence.

Gambetta était célèbre.

La démocratie avait son tribun.

Les élections générales qui eurent lieu
quelque temps après, offrirent aux républicains l'occasion de manifester hautement leurs sympathies au jeune orateur.

Paris et Marseille l'envoyèrent siéger au
Corps législatif.

A Marseille, l'enthousiasme avait été
grand en faveur du jeune tribun. Les
réunions préparatoires furent marquées
d'un curieux incident que nous empruntons à M. Jules Claretie :

« On avait construit près du rivage une
sorte de tente faite pour les auditeurs du
candidat. Gambetta parle. On entendait

au dehors·comme un bruit de houle, le
murmure sourd de la foule qui ne pouvait pénétrer là. Tout à coup, sous une
poussée du dehors, le bois craque, l'é-
toffe se déchire, la tente est emportée
comme par un simoun, et Gambetta se
trouve subitement devant dix mille personnes. Il grossit sa voix aussitôt, domine
le bruit et enthousiasme si bien ce monde,
qu'un homme du port, lui jetant son bon-
net par la tête, s'écriait — on m'a compté
cette histoire — :

« Pichoun, je t'embrasserais ! »

Gambetta, lorsqu'il arriva à la Chambre,
n'avait pas de passé politique.

Il sut pourtant prendre immédiatement
une attitude en face du pouvoir qu'il allait
combattre.

Cette attitude, il la formule dans une
expression énergique qui caractérise immédiatement la situation du parti républicain en présence de l'Empire.

Il se déclare irréconciliable.

C'était désormais une lutte ouverte, sans trève ni merci, contre le gouvernement de Bonaparte, dont il s'agissait de délivrer la France.

Doué d'un sens politique très-sûr, il s'allia au parti républicain modéré, malgré ses convictions radicales et malgré son tempérament révolutionnaire qui l'emportait au-delà des idées étroites des Jules Favre, des Picard , des Garnier-Pagès.

Une grave affection des voies respiratoires menaça, à cette époque, de compromettre l'avenir du jeune tribun. Cet organe puissant qui sait remuer les foules, faillit être brisé, et Gambetta alla demander de nouvelles forces aux bienfaisantes effluves du soleil de Nice.

On arriva à l'époque du plébiscite.

C'était le 5 août 1870.

Gambetta monte à la tribune et prononce, au milieu de la surprise et de l'attention générales, un discours qui fut l'événement de la séance et qui le posa immédiatement comme orateur de premier ordre et comme homme politique éminent.

En présence de l'Empire, au milieu d'une représentation monarchique, il affirma la République.

« Il y a, dit-il, une forme par excellence pour assurer la liberté ; cette forme, vous ne me permettriez pas de la taire, parce qu'elle est sur mes lèvres, dans mon cœur, c'est la forme républicaine. »

Grâce à une grande modération dans le langage, qui n'ôtait rien à la précision des idées, grâce sans doute aussi à cette puissance de fascination qu'il possède, il put, sans être arrêté, développer toute la théorie de la République.

I V

Le 4 septembre, l'auteur de cette biographie avait pénétré dans l'enceinte du Corps législatif avec le flot populaire qui l'avait envahie.

Là il put voir que Gambetta, parmi les hommes que l'acclamation populaire portait au pouvoir, fut le seul qui conservât son sang-froid.

Seul il parvint à maîtriser la foule et à la faire écouler, seul il lutta pour que la révolution eût en quelque sorte un caractère légal et qu'un vote des députés, quelle que fût leur origine électorale, consacrât la déchéance de l'Empire.

Appelé à faire partie du gouvernement de la Défense nationale, il était, avec Dorian et Rochefort, l'élément énergique et sincère de la résistance.

Son patriotisme ardent, sa volonté indomptable de sauver la France par la République, gênaient les secrètes tendances de ceux qui n'avaient accepté la défense du pays que dans l'espoir de le livrer.

Paris était investi.

La province organisait lentement la résistance.

Il fallait une main vigoureuse pour lancer la nation.

Gambetta offrit d'aller soulever la France contre la Prusse.

On accepta... quelques-uns avec une secrète joie.

Il partit en ballon, sur l'*Armand-Barbès*, le 7 octobre, et descendit dans la Somme, au milieu des Prussiens.

Un miracle de courage et d'audace le fit échapper au péril qui l'attendait.

Voici sur ce voyage aérien de curieux détails que nous empruntons à un journal américain, le *New-York Tribune* :

Le ballon aurait dû être lancé deux jours plus tôt. Mais l'absence du vent retarda son départ. A peine eut-on dépassé Paris, que l'aérostat descendit rapidement vers le sol ; il fallut jeter du lest en toute hâte pour s'élever au-dessus des lignes prussiennes. Des coups de feu et même des coups de canon furent tirés sur les voyageurs ; ils purent entendre distinctement le sifflement des projectiles, et une balle vint même effleurer la chevelure de M. Gambetta. Le ballon redescendit près de Creil. Mais à la vue du camp ennemi, ils jetèrent de nouveau du lest et jusqu'à leurs pelisses et leurs châles.

Enfin, la dernière descente se fit près de Montdidier, au milieu des arbres, où le ballon fut déchiré par les branches.

Les aéronautes finirent par trouver une voiture pour atteindre Amiens.

De l'autre côté du bois où ils étaient tombés se trouvait un détachement de Prussiens !

A Amiens, à Rouen, Gambetta est accueilli avec enthousiasme par la population, qui voit en lui l'élément jeune destiné à galvaniser la délégation de Tours.

Acclamé par la garde nationale de la Seine-Inférieure, il s'écrie :

— Faisons un pacte avec la victoire ou la mort.

Presque en même temps que lui arrive à Tours Garibaldi.

Il y eut une double ovation pour ces deux hommes, dont l'un était l'épée et l'autre l'âme de la patrie.

V

Dès son arrivée, tout prend une physionomie nouvelle. « Travaillons, dit-il, car nous n'avons pas une minute à perdre. »

Prenant en main la direction de l'intérieur, en même temps que celle de la guerre, Gambetta prouve bientôt l'incapacité et l'impuissance de Crémieux, de Glais-Bizoin, de l'amiral Fourichon.

Il crée des armées, les fait instruire, les équipe et les lance contre l'ennemi, qu'elles battent en différentes rencontres.

Que Bazaine, qui est à la tête de 173,000 hommes, fasse quelque chose pour la patrie, qu'il ne trahisse pas, et la Prusse est perdue.

C'est de l'homme de Metz que devait nous venir le coup le plus fatal.

Il est nécessaire, pour la justification de la France, pour celle de Gambetta, pour notre honneur et la réhabilitation de nos armes, de raconter tous les détails de cette odieuse trahison, que nous empruntons au *Journal des Deux-Mondes*.

La Prusse n'a pas gagné ses victoires. Elle les a achetées.

. . . .

Bazaine ne croyait pas que Paris pût tenir plus de quinze jours.

Il se voyait à la tête de la seule armée que possédât la France, et voulait, Paris tombé, faire une trouée et arriver sous les murs de la capitale en maître des destinées de la patrie.

Paris ne se rendant pas, il a attendu. Puis, voyant ses approvisionnements diminuer, il est entré en pourparlers avec les Prussiens, espérant, par un accord avec eux et l'ex-impératrice, atteindre le but de toute sa vie, but qui lui avait déjà échappé au Mexique.

Un homme le gênait : Bourbaki, dont le patriotisme et le courage chevaleresque n'auraient pas permis une trahison, et qui s'inquiétait de ces simulacres de sorties que faisait Bazaine pour cacher les apparences.

Déjà de vives altercations avaient eu lieu entre le maréchal et le vaillant général; il fallait s'en débarrasser.

Bazaine obtint du prince Frédéric-Charles l'entrée à Metz d'un nommé Regnier, soi-disant envoyé de l'impératrice.

Cet homme était, disait-il, chargé de ramener Bourbaki en Angleterre, où la régente le demandait; le motif mis en avant était une restauration avantageuse et honorable pour la France.

Après de longs pourparlers et des refus obstinés, Bourbaki se laissa entraîner par le désir d'être utile à son pays. Il avait, du reste, un sauf-conduit qui lui garantissait son retour à Metz.

Bourbaki partit pour Londres, où il acquit rapidement la preuve que Bazaine n'avait voulu que se débarrasser de lui, et que son départ avait été concerté avec les autorités prussiennes.

Furieux, décidé à tout, il repartit pour Metz, voulant demander compte au maréchal de son indigne conduite ; mais les Prussiens, qui l'avaient si facilement laissé sortir, ne voulurent pas lui permettre de venir reprendre sa place au milieu de ses compagnons d'armes.

Désespéré, Bourbaki n'essaya pas cependant de se suicider, comme on l'a dit quelquefois.

Comprenant que son absence de Metz ne pourrait pas lui être reprochée comme

une lâcheté, il se rendit à Tours et offrit
au gouvernement ses services, qui furent
tout de suite acceptés.

Libre de ce côté, Bazaine entama alors
des négociations sérieuses. Il envoya à
Versailles son aide de camp, le général
Boyer, faire à M. de Bismark des propositions dont le texte exact nous échappe
encore, mais dont le fond est connu :

« La France n'ayant pas de gouvernement établi régulièrement, la Prusse ne
peut pas traiter avec elle.

« Il faut donc réinstaller l'Empire, et
pour y arriver continuer le siége de Paris.

« Bazaine, à la tête de son armée, dont
il dit répondre, convoquera dans une ville
de province le Corps législatif et le Sénat
dissous le 4 septembre.

« Un traité de paix sera discuté, adopté,
et Bazaine se charge de le faire exécuter et
respecter.

« Quant à Paris, on attendra que la famine ou la révolution le livre pieds et poings liés à la Prusse,

« L'impératrice régente y entrera alors à la tête de l'armée de Bazaine, qui sera président du conseil de régence, et réellement maître de la France pendant la minorité de Napoléon IV. »

Le général Boyer, après de longues conférences à Versailles, partit pour l'Angleterre, et vint trouver l'ex-impératrice à Chislehurst.

Ses propositions furent tout d'abord accueillies par un refus absolu,

La conduite de Bazaine au Mexique était trop présente au souvenir des familiers de l'Empire pour qu'il parût sage de se livrer à lui.

Pourtant on finit par accepter, avec des restrictions apportées au pouvoir qu'aurait Bazaine, lors du rétablissement de la paix.

Mais bien du temps s'était écoulé, et

Bazaine avait mangé sa dernière ration de pain et son dernier cheval.

Lorsqu'il envoya au quartier général prussien pour s'entendre sur les moyens d'exécution, il lui fut répondu par « l'offre d'une honteuse capitulation. »

Bazaine rendit à l'ennemi la dernière armée que possédât la France.

Bazaine, pour cacher les apparences, a souvent simulé des sorties ; il n'en a, en réalité, fait aucune sérieusement, et, de l'avis de tous, ennemis et officiers de son armée, il eût pu traverser les lignes prussiennes, s'il l'eût réellement voulu.

Bazaine, traître à son pays, joué par les Prussiens, sera marqué dans l'histoire par la proclamation que nous donnons ci-dessous, proclamation vengeresse dans laquelle on reconnaît l'élan de patriotique indignation de M. Gambetta :

« Français,

« Elevez vos âmes et vos résolutions à

la hauteur des effroyables périls qui fondent sur la patrie ; il dépend encore de nous de lasser la mauvaise fortune et de montrer à l'univers ce qu'est un grand peuple qui ne veut pas périr et dont le courage s'exalte au sein même des catastrophes.

« *Metz a capitulé !!!!* Le général sur qui la France comptait, même après l'expédition du Mexique, vient d'enlever à la patrie en danger plus de cent mille défenseurs.

« Bazaine a trahi ; il s'est fait l'agent de l'homme de Sedan, le complice de l'envahisseur, et, au mépris de l'honneur de l'armée, dont il avait la garde, il a livré, sans même essayer un suprême effort, 120,000 combattants, 20,000 blessés, ses fusils, ses canons, ses drapeaux et la plus forte citadelle de la France, « Metz vierge » jusqu'à lui des souillures de l'étranger.

« Un tel crime est au-dessus même des châtiments de la justice ; et maintenant, Français, mesurez la profondeur de l'abîme où vous a précipités l'Empire. Vingt ans, la France a subi ce pouvoir corrupteur qui tarissait en elle toutes les sources de la grandeur et de la vie.

« Oui, quelle que soit l'étendue du désastre, il ne nous trouve ni consternés, ni hésitants, nous sommes prêts aux derniers sacrifices, et, en face d'ennemis que tout favorise, nous jurons de ne jamais nous rendre ; tant qu'il restera un pouce du sol sacré sous nos semelles, nous tiendrons ferme le glorieux drapeau de la Révolution française.

« Notre cause est celle de la justice et du droit. »

VI

Nous ne suivrons pas l'infatigable organisateur de la défense dans le tourbillon qui l'emportait.

Il avait à lutter contre la tempête.

Il s'était fait ouragan.

On l'a beaucoup calomnié.

Les étrangers lui ont rendu justice.

Nous trouvons dans un journal anglais un excellent résumé des actes de Gambetta :

« Le Trésor était vide, et il l'a rempli ; les arsenaux étaient à moitié vides, et à l'heure qu'il est une grande armée, deux armées, peut-être, ont de l'artillerie, des chevaux et des artilleurs.

« On dira que ces résultats pouvaient

être obtenus par tout homme énergique;
mais **M.** Gambetta avait à résoudre trois
questions d'une importance infiniment
plus grande pour l'avenir de la France et
de la guerre, et, selon toute apparence, il
les a résolues avec succès.

« Il s'agissait d'affirmer un principe oublié en France depuis vingt ans, à savoir
qu'un général n'est qu'un serviteur de
l'Etat, aussi strictement que le plus humble gendarme.

« **M.** Gambetta affirme ce principe par
le seul moyen possible, par une assertion
inflexible de la suprématie des autorités
civiles, en révoquant les généraux sans
explication ni excuse, en révoquant des
officiers et en en nommant d'autres. Et
quand les généraux furent revenus à la
raison, restait l'œuvre plus difficile encore de réprimer le mauvais vouloir des
soldats, de leur enseigner l'obéissance.

« S'élevant à la hauteur de la situation,

l'avocat énergique, qui pour le moment représentait la France, décréta que, dans cette heure suprême du danger, tout soldat coupable de désobéissance, d'insubordination ou de pillage, serait traité comme il le serait dans l'armée prussienne.

« Maintenant, que nos lecteurs jugent si l'homme qui a fait tout cela pour son pays, qui a montré l'énergie d'un jacobin et la modération d'un ministre anglais, mérite d'être méprisé.

« Nous souhaitons que l'Angleterre, quand l'heure du danger aura sonné pour elle, trouve un homme qui, aux vertus de Gambetta, joigne la seule vertu du silence. »

En arrivant à Tours le 9 octobre, Gambetta avait trouvé la France désorganisée et privée de toutes ressources. La pénurie était complète, la situation effroyable. Crémieux, Glais-Bizoin, l'amiral Fourichon, ces trois vieillards incapables qui gouvernaient avant son arrivée, n'avaient su faire que de stériles efforts.

Gambetta avait tout à créer : administration, finances, armée, matériel. Il se met résolûment à l'œuvre, se sert des éléments qu'il a sous la main, appelle en outre à lui tous les hommes de bonne volonté, à quelque parti qu'ils appartiennent, pourvu qu'ils se fassent remarquer par leur talent, leur intelligence, leur honnêteté et leur dévouement à la patrie. Il faut faire vite et bien. En peu de temps Gambetta a pourvu à tout. Ses prédécesseurs n'avaient pas à opposer au million d'hommes que l'Allemagne vomissait sur la France quarante mille baïonnettes, cent pièces d'artillerie. En deux mois Gambetta équipe, arme, fait instruire et lance contre l'ennemi cinq cent mille hommes pourvus de deux mille canons. L'Europe lui ouvre ses caisses et le monde entier ses arsenaux.

La calomnie a cherché à incriminer quelques-uns de ses marchés. Il a pu prouver qu'au milieu de la crise épouvantable que nous traversions, pressé par le temps, à un moment où les heures valaient des siècles, il savait ménager les ressources et le crédit de la France.

VII

Nous allons donner un rapide aperçu de l'activité que Gambetta apporta à la défense de notre sol, en énumérant les combats glorieux, les batailles sanglantes qui se livrèrent sur tous les points du territoire, et qui, s'ils ne nous valurent pas toujours la victoire, témoignèrent de l'indomptable énergie du sentiment national, de la vigueur patriotique qui présidait à l'impulsion donnée à nos armes.

Le 9 novembre, l'armée de la Loire, commandée par d'Aurelle de Paladines, remporte l'éclatante victoire de Coulmiers, due principalement au corps du général Chanzy. Cette brillante affaire a un grand retentissement ; la fortune semble nous sourire. Les ennemis évacuent précipitamment Orléans, qui est occupé et fortifié par nos troupes.

Le 7 il y avait eu déjà engagement heureux pour nos soldats à Poisly et à Vallière.

Quelques jours après, les Prussiens sont battus à Landelles, à Dreux, à Rocroi, où 400 mobiles écrasent près de 3,000 Allemands.

Partout la lutte renaît terrible, acharnée.

Gambetta a fait passer toute la flamme de son âme dans l'âme de la province.

A Châtillon, les garibaldiens enlèvent 750 Prussiens.

L'armée ennemie est repoussée à Beaune; des escarmouches ont lieu dans le Nord, à Ham, à Muressis, à Liez. Partout l'envahisseur subit des échecs et se replie.

La Fère fait une brillante sortie et tue beaucoup de monde.

La Normandie se défend énergiquement.

Du côté de Vernon, les troupes françaises reprennent l'offensive et capturent un immense convoi.

La vallée de l'Eure est libre, celle de l'Ognon est également dégagée.

En même temps, des camps d'instruction sont établis à Saint-Omer, Cherbourg, Conlie, Nevers, la Rochelle, Bordeaux, Toulouse, Clermont-Ferrand, Pas-des-Lanciers et Lyon.

Tout cela est organisé dès le 23 novembre.

Le 25, après un combat acharné à Boyer, l'ennemi, enlevé à la baïonnette, fuit de toutes parts, laissant le sol couvert de cadavres.

Le 27, la bataille d'Amiens, que nous avions gagnée, nous oblige à une retraite par suite d'un faux mouvement de l'artillerie.

A Villers-Bretonneux, à Boves, on ne cède, après des efforts héroïques, que devant le nombre toujours croissant des ennemis.

Le 28, à Beaune-la-Rolande, nous prenons une revanche éclatante. L'ennemi, furieux, ne se retire qu'après avoir incendié la ville.

La fortune semble nous sourire à Étrépagny ; le général Briand met en fuite l'ennemi, fait de nombreux prisonniers, prend des canons, des armes et des munitions.

Le 1ᵉʳ décembre, le seizième corps d'armée, commandé par le général Chanzy, rencontre l'ennemi fortement établi à Guillonville et à Terminiers.

Les Prussiens sont taillés en pièces et s'enfuient dans la direction de Loigny et de Château-Cambrai.

Nos armes sont encore victorieuses à Nuits, et Gambetta peut s'écrier :

« Nous voyons maintenant quelle diffé-
rence il y a entre un despote entrant en
guerre pour satisfaire un caprice, et une
nation qui lutte pour le triomphe de la
justice, du droit et de l'honneur. »

A Villepion, à Loigny, nos soldats, dans
des luttes héroïques, anéantissent presque
un corps bavarois, et le général Chanzy,
par l'habileté et la promptitude de ses
mouvements, provoque l'admiration même
de nos ennemis.

Mais la fatalité qui poursuit la France
devait bientôt nous amener de nouveaux
désastres.

Le 2 décembre, le 17e corps échoue
dans ses attaques à Poupry et à Artenay,
malgré des prodiges de bravoure.

A la suite de cet insuccès, le général
d'Aurelle de Paladines, à la tête de 200,000
hommes et de 500 canons, retranché devant Orléans, dans un camp couvert par
80 pièces marines, ne se croit pas assez

fort pour défendre la ville et veut passer la Loire.

Il change ensuite d'idée et engage la bataille.

Mais nos troupes, démoralisées par les bruits de retraite qui ont circulé, se battent mollement et cèdent peu à peu le terrain.

Orléans dut être évacué.

Le général Martin des Pallières couvre la retraite.

Les hésitations du général en chef étaient cause de ce désastre.

Il dut se retirer et céder le commandement au général Chanzy.

Ce grave échec n'est pas compensé par la victoire que remporte Cremer dans l'Est, sur la route d'Autun à Arnay.

Bazaine, flétri par Gambetta, était traité « d'illustre épée » par ses camarades qui gouvernaient Paris.

D'Aurelle, destitué par Gambetta pour

s'être laissé battre par les Prussiens, reçut en récompense le titre de général en chef de la garde nationale de Paris.

Avec Chanzy et Bourbaki, les opérations militaires, sous l'impulsion ardente de Gambetta, prenaient un nouveau caractère.

Une tactique à la fois prudente et rapide préside aux mouvements de nos armées.

La lutte devient plus ardente et plus terrible. Dans le Nord, Faidherbe fait des prodiges de valeur et soutient héroïquement le choc d'innombrables ennemis à Pont-Noyelles, à Bapaume, à Saint-Quentin. Dans l'Est, Bourbaki, qui n'a pas encore désespéré, bat les Prussiens à Villersexel et à Arcey ; Garibaldi a trois jours de victoire à Dijon. Cremer renouvelle à Frahier, à Chênebier, ses glorieux combats de Nuits et de Châteauneuf.

Chanzy, par des combats successifs,

toujours heureux pour nos soldats, joue avec l'armée de Mecklembourg et **du** prince Frédéric-Charles. Il l'attire **vers** l'Ouest, où il a choisi une base d'opérations qu'il croit inexpugnable et qu'il **veut** atteindre.

Il a le bonheur d'arriver au but, et asseoit puissamment son armée aux pieds des hauteurs du Mans.

La victoire est à nous jusqu'au soir.

Le centre et l'aile gauche ont été admirables.

Le soir, lorsque l'armée prussienne était à peu près sûre d'être écrasée, 20,000 hommes de l'aile droite, tous mobiles **du** Morbihan, s'enfuient lâchement au premier obus qui tombe parmi eux.

La victoire se change en déroute.

N'est-ce pas une fatalité que la Bretagne ait été la cause des plus grands malheurs de la France?

Sous la première République, la Bretagne a failli causer la ruine de la patrie.

Le Breton Trochu a livré Paris et la France en 1871.

Les Bretons du Morbihan ont causé notre dernière défaite à la bataille du Mans.

VIII

Même après ce désastre, tout n'était pas perdu peut-être.

Si Gambetta avait eu Paris à soulever et à conduire, Paris malléable, frémissant, compacte, Paris toujours sous la main, il eût vaincu la Prusse.

Il avait la province, lente, fractionnée, sans grands courants qui la rattachent à un centre, décapitée de Paris, la province où sa voix se perdait dans la distance, dans l'éloignement.

Et pourtant, il a fait des prodiges.

Il a eu contre lui Bazaine à Metz, et il n'a pas désespéré.

Il a eu Paladines à Orléans, et il n'a pas désespéré.

Il a eu les Bretons au Mans, et il n'a pas désespéré.

Il a eu Trochu à Paris ; c'était le coup de grâce en pleine poitrine !

Eh bien ! non, il n'a pas encore désespéré.

Au milieu de ses travaux de géant, dans lesquels il allait peut-être tenter l'impossible, la nouvelle de la capitulation de Paris lui arrive comme un coup de foudre.

En apprenant ce suprême malheur, en voyant ces hommes qui étaient sourds à sa voix, lorsqu'il les suppliait d'agir, d'occuper l'ennemi sous Paris, afin qu'il n'allât pas, avec toutes ses masses, écraser les armées de province ; en les voyant traiter follement pour la France et amener la défaite de Bourbaki et la retraite de Garibaldi, un cri d'indignation s'échappa de sa poitrine.

Il voulut lutter, lutter encore, lutter tant qu'il resterait un homme debout.

Désavoué, il quitte le pouvoir, emportant, enfoncée comme un trait mortel dans son cœur, l'immense douleur de n'avoir pu sauver la France.

Gambetta représente la lutte désespérée, la lutte à outrance.

Aussi tous les départements qu'inspirait un profond sentiment national l'ont-ils élu représentant à une immense majorité.

L'Alsace, Paris, l'Algérie, le chargèrent de défendre à l'Assemblée nationale l'intégrité de l'honneur et du sol de la patrie.

Son rôle n'était pas fini.

Dans tous les cas, il occupera dans l'histoire une page éclatante à côté de Vercingétorix, de Kosciuzko, de Juarès, de ces généreux et indomptables défenseurs de la nationalité, qui, même dans leur défaite, sont la gloire de leur pays.

IX

La réaction jalouse, elle qui plus que nos ennemis a contribué à rendre définitive la défaite de nos armes, a reproché au gouvernement de la Défense nationale, et surtout à Gambetta, l'ardeur patriotique qui les a poussés à la lutte à outrance. Elle a prétendu qu'après Sedan, et surtout après la chute de Metz, on devait faire la paix dans l'intérêt même de la France. La continuation de la guerre, en ruinant la patrie, en rendant plus dures les conditions imposées par le vainqueur, ne pouvait satisfaire que l'ambition de ceux qui avaient pris en main les destinées du pays.

Nous ne relèverions pas cette allégation aussi odieuse qu'absurde, si elle n'avait été prise en considération par quelques esprits sérieux et impartiaux.

C'est mal connaître M. de Bismark et la Prusse que de croire que notre empressement à traiter eût amoindri ou modifié leurs prétentions. Nos ennemis, qui, depuis vingt ans, préparaient cette sinistre partie, qu'ils ont jouée avec une énergie implacable, avaient d'avance leur but tout tracé! Ils savaient où ils allaient et ce qu'ils voulaient : nous enlever deux provinces et nous affaiblir assez pour que de longtemps l'envie ne pût nous venir de prendre notre revanche.

D'un autre côté, tout esprit sincère avouera qu'il était impossible à un gouvernement, quel qu'il fût, succédant à l'Empire vaincu, de ne pas essayer de sauver la France. Le pays tout entier se serait soulevé contre lui, s'il s'était hâté de traiter, montrant ainsi sa lâcheté, son impuissance, et faisant à la nation l'injure de douter de sa force et de son patriotisme.

Et la réaction, elle-même, aurait été la première à couvrir de honte et d'infamie ceux dont elle raille ou accuse aujourd'hui les nobles efforts.

Et puis, est-ce que tout était perdu ?

Est-ce qu'il n'y avait pas à Paris cinq cent mille hommes qui brûlaient d'écraser l'ennemi, d'aller donner la main aux armées de province, et que des chefs incapables ou traîtres retenaient frémissants dans une fatale inaction !

La France pouvait vaincre après Sedan, après Metz ! Elle pouvait vaincre même après l'échec du Mans, après la reddition de Paris...

Nous ne voulons invoquer, pour appuyer notre assertion, que l'opinion du général Chanzy, dont, sans doute, personne ne contestera la compétence et le patriotisme aussi ardent qu'éclairé !

La Prusse, obligée de s'étendre, de se multiplier, de jeter partout ses garnisons, de livrer en pays ennemi mille combats, usée, absorbée, eût été bientôt dévorée par sa conquête.

X

Nous avons dit, en terminant la première partie de ce récit, que le rôle de M. Gambetta n'était pas fini.

En effet, après avoir voté contre le morcellement de la patrie, il donna sa démission de représentant à l'Assemblée de Bordeaux, en même temps que toute la députation de l'Alsace, dont il faisait partie. Il se retira, le cœur brisé, le corps exténué, et alla réparer sous le ciel bleu de l'Espagne, au bord de l'Océan, les forces que les terribles fatigues de la guerre avaient épuisées.

Les élections partielles du Var et de Paris l'envoyèrent de nouveau à l'Assemblée nationale, où il a repris sa place à la tête du parti républicain progressiste.

M. Gambetta, qui, durant la lutte contre la Prusse, avait voué sa vie à la défense de la patrie, dirige aujourd'hui tous les efforts de son génie politique et oratoire à établir et à défendre la République.

Il s'y est consacré avec une habileté, un talent, une patiente énergie qui l'ont rendu l'espoir de la démocratie.

Son attitude à la Chambre, en face des partis, à l'égard du pays et du gouvernement, lui ont valu l'étonnement et les chaleureux éloges de la presse européenne, en même temps qu'il est devenu l'effroi et la bête noire de la réaction.

Orateur hors ligne, organisateur puissant, il vient de se montrer politique de première force et homme d'Etat profond.

Nous prendrons dans la presse étrangère l'appréciation de sa récente conduite.

« M. Gambetta mérite de grands éloges, dit le *Times*, journal qui ne peut être ac-cusé de tendresse envers les républicains. Malgré son tempérament passionné, il a fait preuve, dans des questions essen-tielles, d'un esprit de conciliation et d'une disposition à coopérer avec ses adver-saires, qui sont des qualités trop rares dans l'histoire de la politique française pour ne pas être tout particulièrement no-tées. Si la politique de M. Thiers a paru récemment pencher vers la gauche et con-clure à l'établissement définitif de la Ré-publique, c'est parce que la gauche a loya-lement appuyé le gouvernement dans ses efforts de régler les comptes de l'Alle-magne, tandis que les partis monarchiques, tour à tour craintifs ou insolents, ont constamment entravé l'action du prési-dent. M. Gambetta et son parti ont ainsi aidé plus efficacement à fixer ce qui était provisoire, que n'aurait pu le faire la plus

grande dépense de violente rhétorique républicaine . . . .

« M. Gambetta et ses amis appuient
M. Thiers, non parce qu'ils sont disposés
à tout revendiquer dans sa carrière passée
ou même à tout soutenir dans la politique
actuelle, mais parce qu'ils sont convaincus
que son maintien au pouvoir sera très-
profitable à la fois aux intérêts de la
France et de la cause républicaine. »

Nous trouvons dans une autre feuille
britannique un portrait de M. Gambetta,
très-spirituellement écrit :

« Il arriva à un moment où l'opposition avait besoin d'un champion, d'une nature plus énergique que ceux qu'elle pos-
sédait déjà. Jules Favre, nature passionnée, pleine de cœur, manquait d'énergie
dans l'attaque ; Pelletan discourait comme
un enthousiaste , Jules Simon comme
un professeur, Picard comme un homme
d'esprit, Thiers comme un homme d'Etat.

Gambetta était un athlète. Il y avait dans ses discours l'énergie, le feu et cette confiance agressive propre à la jeunesse... Quand les débats s'échauffaient (sous l'Empire), on pouvait voir quelques membres plus calmes de la gauche le retenir par les pans de son habit, et le bourgeois qui assistait à la séance revenait chez lui en murmurant avec terreur : « Il manque absolument de tenue : ce n'est pas un homme sérieux. » Le Gambetta de 1872 est bien différent. Le pouvoir a passé par ses mains, le sang sous ses yeux, la calomnie sur sa tête. Il peut encore bondir sur ses pieds comme un lion attaqué et s'écrier d'une voix tonnante : *C'est un mensonge !* lorsqu'un membre de la droite lance contre lui quelque venimeuse insinuation; mais, d'une façon générale, il est devenu aussi *sérieux* que peut le désirer un bon épicier de la rue Saint-Denis; il s'habille même avec un certain soin, ce qui paraît être un grand soulagement pour quelques dignes personnes, qui se sont résignées à l'idée de le voir devenir prési= dent de la République, mais qui seraient terrifiées à la pensée d'être gouvernés par un simple mortel sans gants.

« Mais Gambetta sera–t-il jamais élu président de la République ?... La politi= que a des hauts et des bas, et il y a beau= coup de Français (même parmi les ennemis de Gambetta) qui commencent à songer en eux–mêmes que peut-être le jugement des générations futures sur la dictature de Tours ne sera pas le même que celui de l'impartiale presse qui prend son mot d'ordre à Chislehurst. »

XI

Après avoir, par son attitude habile et
patriotique à l'Assemblée nationale, con-
couru puissamment à l'établissement définitif de nos libertés, Gambetta a consacré
tous ses loisirs à faire connaître et à faire
aimer par le peuple cette République dont
l'affermissement est l'objet de tous ses
efforts. Il est allé dans tous les départements porter sa parole éloquente. Il s'est
mis en contact direct avec les populations
des campagnes et des villes ; il leur a dit
les merveilleux bienfaits de la Révolution ;
il leur a tracé avec feu et conviction leurs
droits et leurs devoirs. Il a semé partout
la lumière et la vérité, aux acclamations

enthousiastes de ses innombrables auditeurs. C'est là une phase nouvelle pour la
carrière oratoire du jeune tribun, et nous
allons l'apprécier.

En relisant ses discours d'autrefois ,
dont l'éloquence ardente, orageuse, évo-
qua les spectres de décembre et illumina
de ses éclairs le masque livide de l'Empire,
en se rappelant les luttes et les audacieux
défis du député des irréconciliables, on est
frappé d'une surprise nouvelle à la lecture
des discours prononcés par le député de
l'Assemblée nationale.

Le talent de M. Gambetta semble avoir
désarmé, et on lui trouve un mérite que
l'on n'attendait peut-être pas de lui. C'est
la modération dans la force, la mesure
politique, dont un tribun peut manquer
quelquefois sans danger pour sa renom-
mée , mais qui est indispensable à un
homme d'Etat. Nous ne connaissons pas
d'orateur politique dont le talent se soit à

la fois mûri et transformé aussi rapidement, dont le tempérament se soit plié
avec autant de vigoureuse souplesse aux
nécessités d'une nouvelle campagne politique. M. Gambetta a parfaitement compris qu'au lendemain de la mission patriotique qu'il venait de remplir , que les
partis royalistes allaient tourner contre
lui tous les efforts et toutes les perfidies
de leur polémique, et que, son tempérament bien connu. ses adversaires tente-
raient avant tout de provoquer chez lui les
emportements de la passion ; aussi son
discours prononcé à Bordeaux le 26 juin
ne laissa point que de surprendre ses ennemis et de les déconcerter.

En face d'une Assemblée royaliste dont
les divers partis se montrent incapables
d'une entente et d'une action commune,
il expose le triomphe calme de la foi républicaine dans la nation, l'union des différentes nuances de l'opinion républicaine.

Aux compétitions dynastiques il oppose la formule : «Le pouvoir au plus sage et au plus digne. »

« Ce n'est pas une formule nouvelle pour les républicains, dit-il, c'est leur dogme de ne voir attribuer les fonctions publiques qu'au mérite et à la vertu. C'est ce respect du mérite et de la moralité que nous avons rappelé à l'Empire ; c'était même parce que la morale s'oppose à toute transaction avec un pouvoir fondé sur le crime et maintenu par la corruption, que notre opposition était alors irréconciliable et révolutionnaire.

« Aujourd'hui l'opposition, sous le gouvernement républicain, change de caractère et modifie sa nature et ses plans de conduite ; elle doit presser et contrôler et non détruire. . . . .

« ... Cette conception du rôle de l'opposition sous la République appartient à des différences d'âge et de temps. Il est

certain que l'âge, je dirai héroïque, chevaleresque, du parti est passé, depuis la
réalisation d'une partie de ses espérances.
Et nous avons, aujourd'hui qu'il s'agit de
développer l'application de nos principes,
le devoir d'être aussi froids, aussi patients,
aussi mesurés, aussi habiles, que nous
avons été enthousiastes, véhéments, alors
qu'il s'agissait de rejeter dans le néant
les contrefaçons du Bas-Empire. »

Malgré cette sagesse, cette modération
dont M. Gambetta ne s'est jamais départi,
comme nous le prouverons, la réaction a
toujours eu pour tactique de se servir de
son nom comme d'un épouvantail, de le
présenter comme un représentant de la
Commune et de la Terreur.

« Il n'a jamais désavoué les actes de la
Commune, » s'écrient-ils. Et nous lisons
dans son discours de Bordeaux : « Malgré
les excès qui ont été commis et les *crimes*
qui ont marqué la chute de la Commune à

Paris.» Quant à la Révolution, il s'exprime ainsi :

« Il faut achever la Révolution.

« Oui, quelque calomniés que soient aujourd'hui les hommes et les principes de la Révolution française, nous devons hautement les revendiquer, poursuivre notre œuvre, qui ne sera terminée que lorsque la Révolution sera accomplie ; mais, j'entends, Messieurs, par ce mot Révolution, la diffusion des principes de justice et de raison qui l'inspiraient, et je repousse de toutes mes forces l'assimilation perfide, calculée, de nos adversaires avec les entreprises de la violence.

« La Révolution a voulu garantir à tous la justice, l'égalité, la liberté ; elle proclamait le règne du travail et voulait en assurer à tous les légitimes fruits ; mais elle a subi des retards, presque des éclipses. Les conquêtes matérielles nous sont restées en partie, mais les conséquences morales et politiques sont à venir pour les plus nombreux : les ouvriers et les paysans, ces derniers surtout, n'en ont tiré que les bénéfices matériels, précieux assurément, dignes de tous nos respects et de toute notre sollicitude, mais insuffisants toutefois à en faire de libres et complets citoyens. »

Après avoir expliqué, ce qui est excuser, le rôle de l'électeur des campagnes, que son ignorance des principes de la Révolution ont rendu la proie des habiles :

« C'est aux paysans, s'écrie-t-il, qu'il faut s'adresser sans relâche, c'est eux qu'il faut relever et instruire. Les mots que les partis ont échangés de *ruralité*, de Chambre *rurale*, il faut les relever et ne pas en faire une injure.

« Ah ! il faudrait désirer qu'il y eût une Chambre rurale dans le sens profond et vrai de ce mot, car ce n'est pas avec des

hobereaux que l'on fait une Chambre rurale, mais avec des paysans éclairés et libres, aptes à se représenter eux-mêmes... »

De là à parler de la nécessité de l'instruction, la transition est facile : c'est un
des thèmes favoris de l'orateur. Il insiste
de nouveau sur ce sujet, mais il complète
cette pensée, aujourd'hui vulgarisée, par
des considérations nouvelles et puisées
dans son expérience de la guerre :

« Il faut mettre partout, à côté de l'ins-
tituteur, le gymnaste et le militaire... Car
autrement vous ferez une œuvre de lettrés,
vous ne ferez pas une œuvre de patriotes.»

Toutes les considérations qui suivent
mériteraient d'être citées, et nous les ci-
terions si nous avions entrepris une com-
pilation de pensées et de maximes utiles ;
mais il s'agit pour nous d'étudier l'orateur
et de le présenter, sous différents aspects,
comme un des maîtres dans l'art de bien
dire et comme homme politique.

Nous allons parcourir les discours prononcés successivement à Saint-Quentin, à Angers, au Havre, à Versailles, à la Ferté-sous-Jouare. Depuis deux ans, M. Gambetta a poursuivi la mission de « prédicateur » qu'il avait acceptée des événements en 1870. Tâcher de répandre le feu sacré qui l'anime est sa mission. Il n'hésite pas à prendre part à une réunion formée dans une bourgade. Il suit en cela l'exemple des hommes politiques des États-Unis et de l'Angleterre. On s'est moqué de lui en l'appelant le *commis-voyageur de la démocratie*. Il a relevé spirituellement cette raillerie : — « Je suis en effet, dit-il, un voyageur et le commis de la démocratie. C'est ma commission ; je la tiens du peuple (1). »

On a aussi reproché à M. Gambetta de ne rien ajouter de nouveau au programme

(1) Discours du Havre.

républicain. Il serait plus sage de l'en louer. Serions-nous insatiables de théories et de chimères? La politique doit-elle adopter chez nous le merveilleux de la féerie et du roman? Il s'agit de s'éclairer et de s'entendre sur les nécessités du temps présent, sur les réformes les plus immédiates. Que nous faut-il avant tout? Des électeurs plus éclairés et des soldats. Guérissons-nous d'abord des deux maux les plus grands : l'ignorance des masses et l'invasion allemande.

Sans apporter à son auditoire d'une heure un plan complet de réforme dans l'instruction publique, M. Gambetta, partout où il a pris la parole, a réclamé les bases fondamentales de cette réforme.

Il demande que l'instruction soit gratuite, obligatoire et laïque.

« Je désire, dit-il à Saint-Quentin, de toute la puissance de mon âme, qu'on sépare non-seulement les églises de l'Etat,

mais qu'on sépare les écoles de l'Eglise.
C'est pour moi une nécessité d'ordre politique, j'ajoute d'ordre social.

« D'abord, je repousse complétement
l'objection apparente opposée à ceux qui
sont partisans de l'enseignement laïque.
On leur dit : « Vous voulez faire des
« athées, et vous voulez installer dans les
« écoles un enseignement anti-religieux. »

« Messieurs, ma conviction est qu'il
n'y a rien de plus respectable dans la personne humaine que la liberté de conscience, et je considère que c'est à la fois
le plus odieux et le plus impuissant des attentats que d'opprimer les consciences.
Non, je ne suis pas hostile à la religion ;
c'est même pour cela que je demande la
séparation de l'Eglise et des écoles. Je
suis convaincu que c'est parce qu'un parti
dominant dans l'Eglise s'est arrogé le droit
presque exclusif de distribuer l'enseignement dans nos écoles, de pétrir et former

l'enfant, pour saisir l'homme et le citoyen, pour arriver à l'Etat lui-même, que le clergé a cessé d'être un grand corps religieux pour tomber au rang d'une faction politique. C'est parce qu'on est sorti de l'Eglise que l'Eglise a beaucoup perdu du respect qu'on portait aux ministres du culte, qu'on les a vus cesser d'être des apôtres pour devenir les instruments du pouvoir sous les régimes les plus corrompus et les plus usurpateurs. C'est ainsi qu'on les a vus eux-mêmes perdre le sentiment de leur propre dignité, au point de n'être plus que des agents passifs entre les mains d'un pouvoir occulte et étranger, s'habituant à ne plus se considérer comme des citoyens de France, se faisant honneur d'être les serviteurs de la puissance théocratique qui leur envoie ses dogmes et ses ordres. »

M. Gambetta demande que la morale soit enseignée laïquement et la religion enseignée dans les endroits consacrés à la religion. Il rappelle, à l'appui de son opinion, la lutte constante qui, depuis 89 surtout, a été entretenue entre les partisans du gouvernement théocratique et les partisans de la liberté philosophique, proclamée par la Révolution.

Le clergé, d'ailleurs, en s'ouvrant à l'esprit démocratique, se retrempe dans son esprit primitif. Et si l'opinion ultramontaine l'emporte aujourd'hui dans ses rangs supérieurs, ce que l'on appelle le *bas clergé* est resté gallican, est resté Français.

« Un hautain cardinal a dit en plein Sénat : « Le bas clergé est un régiment ; « quand je parle, il faut qu'il marche. »

« Je n'ai jamais lu sans un mouvement de colère cette impérieuse parole. Oui, je suis acquis à la libre-pensée, je ne mets rien à l'égal de la science humaine, et cependant je ne puis m'empêcher d'être saisi d'émotion quand je songe à ces

hommes dont on parle avec tant de hauteur et qui constituent le bas clergé. Non,
je ne suis pas froid pour l'humble desser-
vant, pour cet homme qui, après avoir reçu
quelques notions très-courtes, très-incom-
plètes, très-obscures, rentre au sein de
ces robustes et saines populations rurales
dont il est sorti. Tenant à la fois du paysan
et du prêtre, il vit au milieu d'elles, il
voit leurs luttes difficiles et rudes pour
l'existence. Sa mission est d'alléger leurs
souffrances ; il s'y emploie de toute son
âme ; il les assiste et les console. Dans les
dangers et les périls de l'invasion, j'en ai
vu se montrer patriotes ardents et dévoués;
ils appartiennent à la démocratie, ils y
tiennent, et s'ils pouvaient se laisser aller
aux confidences, plus d'un se reconnaî-
trait démocrate et républicain. »

Ces paroles sont d'autant meilleures
que, si l'intolérance est une des vertus es-
sentielles de la foi religieuse, elle est la né-

gation même de la liberté dont les républicains libres-penseurs se réclament.

L'orateur, abordant ensuite un autre ordre d'idées, démontre avec une logique éloquente que le suffrage universel dans les masses, en se prononçant pour l'empire, s'était laissé tromper et croyait à l'alliance adultère de l'empire et de la démocratie. Ces masses appartiennent désormais à la République, en qui elles reconnaissent l'héritière légitime des principes de 89. Appuyée sur elles, la République conservatrice sera assez forte « pour se tourner vers l'Europe, se faire rendre ce qui lui appartient et la place qui lui est due. »

L'espoir de voir la France rentrer dans ses biens comme elle est rentrée dans son droit, de voir la patrie se reconstituer dans son intégrité, est souvent exprimé dans les discours de l'ancien ministre de la guerre, mais dans les termes les plus compatibles avec notre dignité et avec la prudence.

On se souvient que, le 9 mai 1872, une députation alsacienne est venue offrir à M. Gambetta un bronze, œuvre d'un éminent artiste de Colmar. Le député, en répondant à l'adresse des patriotes alsaciens, avait à étouffer bien des sentiments douloureux pour ne pas dépasser la mesure et compromettre la cause qu'il veut servir.

« Si la France, s'est-il écrié avec chaleur, était assez oublieuse et impie pour ne pas avoir sous les yeux cette image de votre Alsace sanglante et mutilée, ah! alors, vous seriez en droit de désespérer!

« Mais tant qu'il y aura en France un parti national, n'ayez aucune crainte. Et soyez sûrs que ce parti national se recompose et se reconstitue. L'esprit vrai de la France, saisie et livrée à l'ennemi par le second Empire, est mis en lumière aujourd'hui. De tous côtés des publications viennent nous faire connaître le rôle qu'ont joué nos populations, et l'on aperçoit que la France a été bien plus abattue que battue, bien plus surprise que prise. **Et,** en même temps qu'apparaît la vérité sur les événements, la conscience du pays renaît. »

Il est vraiment heureux que de telles paroles puissent se faire entendre ; il est heureux aussi que quelques hommes de cœur répondent aux élans de cœur du pays. **Et** c'est aussi l'honneur du parti républicain. **A** quoi dépensent leurs loisirs et leur éloquence *nos seigneurs* les princes et leurs féaux de la droite ?

Ces personnages ne nous entretiennent que de leurs intérêts et ne cherchent à nous occuper que de leurs intrigues.

M. Gambetta a compris que ce n'était point de la tribune de l'Assemblée qu'il pouvait utilement s'adresser au pays.

Son éloquence cordiale devait se dérober aux polémiques et aux interruptions systématiques d'une Assemblée où il compte trop d'adversaires.

Dans des réunions telles que celles de Saint-Quentin, d'Angers, du Havre, de la Ferté, il peut donner librement à sa pensée tous les développements qu'elle comporte.

Là, comme il le disait à Angers, il peut « causer de nos affaires, comme dans une véritable démocratie, entre égaux. »

C'est dans ce discours d'Angers, prononcé le 7 avril, que nous rencontrons pour la première fois quelques mots sur la nécessité d'une prochaine dissolution de l'Assemblée. Celle-ci tient à éterniser son pouvoir malgré les protestations du suffrage universel qui s'est prononcé contre elle dans les élections des conseils municipaux et des conseils généraux.

Suit une très-brillante esquisse des manœuvres malencontreuses des partis royalistes ou de ce que l'on nomme le parti de l'ordre.

Mais ce parti, ne pouvant s'entendre avec ses chefs, se retourne contre la République pour la calomnier... Oh ! alors, l'orateur retrouve toute sa verve des anciens jours, toute la véhémence que suscite chez lui l'indignation. Sa parole redevient passionnée pour venger la mémoire de l'héroïque Baudin.

« Nous les ennemis de la propriété, de la famille, de la liberté de conscience ? O triples mensonges !... » Et il expose en termes saisissants les bienfaits de la Révolution, à qui nous devons la propriété, la famille, la liberté de conscience.

Deux anniversaires sympathiques à tous les cœurs vraiment français : l'anniversaire de la naissance de Hoche et celui de la prise de la Bastille... offrirent encore à M. Gambetta l'occasion de prendre la parole.

Ces discours du 24 juin et du 14 juillet présentent le même intérêt que ceux dont nous avons donné l'analyse; l'orateur est obligé d'y reprendre les mêmes sujets, — que dis-je? — l'unique sujet qu'il ait à traiter, la grandeur et les bienfaits des principes de la Révolution.

Le 19 septembre, chez M. Dorian, dont on se rappelle le patriotisme, le dévouement et la féconde activité pendant le siége de Paris, M. Gambetta trouva encore l'occasion de faire le bilan de la monarchie et de représenter la République comme la grande réparatrice.

« La République, dit-il, arrive toujours comme le syndic d'une grande faillite nationale, pour régler une liquidation politique. Elle hérite de tous les désastres et elle doit tout réparer, non pas seulement les ruines intérieures, mais encore celles léguées par la guerre étrangère; elle succombe sous le fardeau; mais, comme elle a succombé pleine de désintéressement et de grandeur, tenant à la main le drapeau même de la France... elle remonte dans la faveur publique, elle rétablit les affaires, elle démontre qu'elle est, par son développement, l'émancipation morale et matérielle pour tous, si bien qu'elle écarte toutes les difficultés, et qu'elle dure!... »

Dans une tournée politique entreprisc en Savoie pendant les vacances de 1872, M. Gambetta espérait pouvoir fêter à Chambéry, dans une réunion privée, notre grand anniversaire républicain du 22 septembre. Le ministère, obéissant à l'influence des partis monarchiques, interdit cette réunion, que la loi pourtant autorisait. Plein de respect pour les ordres d'un gouvernement dont il déplore quelquefois les erreurs et les faiblesses, mais qu'il ne veut pas déconsidérer parce qu'il est celui de la République, Gambetta, tout en proclamant le droit dénié, se soumit sans

murmurer à cet acte arbitraire du pouvoir.

Sa grande voix se tut ce jour-là, mais
elle devait retentir bientôt plus éclatante
dans une nouvelle réunion qui eut lieu le
26 septembre 1872, à Grenoble, et à laquelle, cette fois, l'autorité ne put trouver
aucun caractère de publicité!

La presse réactionnaire s'est toujours
emparée avec passion des paroles que
M. Gambetta a prononcées, soit à la tribune, soit dans les assemblées politiques;
mais jamais elle n'avait montré autant de
fureur et de mauvaise foi qu'à propos de
l'événement de Grenoble, car le discours
de Gambetta a été un événement.

Défigurant la parole de l'orateur avant
même qu'elle ait pu arriver jusqu'à elle,
elle s'est hâtée, afin de prévenir le public,
de répandre l'injure et la calomnie contre
celui dont l'ardent patriotisme et les convictions profondément républicaines font

son épouvante. Mais elle en a été pour ses frais de mise en scène. La pièce, montée avec fracas, est tombée sous les sifflets du public, et les journaux royalistes ou bonapartistes n'ont recueilli que la honte due à leurs mensonges et à leur perfidie.

Le discours de Grenoble se dégage calme, grave, rayonnant, des nuages orageux dont on avait essayé de l'envelopper.

Depuis quelque temps Gambetta s'abandonnait un peu au hasard de l'inspiration. A Grenoble, il a repris son haut vol. Jamais son éloquence n'avait eu cette puissance et cette grandeur. L'orateur a pu être plus ardent, plus passionné; il n'a jamais été aussi large dans ses aperçus. Son discours a eu et aura un grand retentissement, car il formule éloquemment tout un programme. Il faut y voir moins les excellents conseils qu'il donne à la démocratie, que l'affirmation de la République et l'annonce de l'arrivée aux affaires des couches sociales, qui, jusqu'à ce jour, grâce à nos institutions monarchiques, en avaient été systématiquement écartées. Le pouvoir à la vertu, au travail et à l'intelligence, voilà toute la révolution accomplie ; c'est la République fonctionnant sous l'impulsion libre et éclairée du suffrage universel, dans toute la plénitude de sa force et avec toutes les conséquences de son principe.

« N'a-t-on pas vu apparaître, s'écrie l'orateur, depuis la chute de l'Empire, une génération neuve, ardente quoique contenue, intelligente , propre aux affaires, amoureuse de la justice, soucieuse des droits généraux ? Ne l'ont-ils pas vue faire son entrée dans les conseils municipaux, s'élever, par degrés, dans les autres conseils électifs du pays, réclamer et se faire sa place, de plus en plus grande, dans les luttes électorales ? N'a-t-on pas vu apparaître, sur toute la surface du pays, — et je tiens infiniment à mettre en relief cette génération nouvelle de la démocratie, — un nouveau personnel politique électoral, un nouveau personnel du suffrage universel ? N'a-t-on pas vu les travailleurs des villes et des campagnes, ce monde du travail à qui appartient l'avenir, faire son entrée dans les affaires politiques ? N'est-ce pas l'avertissement caractéristique que le pays , — après avoir essayé bien des formes de gouvernement, — veut enfin s'adresser à une autre couche sociale pour expérimenter la forme républicaine? (Oui! oui ! sensation prolongée.)

« Oui ! je pressens, je sens, j'annonce la venue et la présence , dans la politique, d'une couche sociale nouvelle (nouveau mouvement) qui est aux affaires depuis tantôt dix-huit mois, et qui est loin, à coup sûr, d'être inférieure à sa devancière. »

C'est là un grand fait ; c'est un événement; la révolution était dans les idées ; elle est maintenant dans les choses et dans les hommes, et c'est ce qui fait sa puissance ; c'est ce qui la rend désormais inébranlable sur sa base de granit formée par nos mœurs et nos institutions.

XII

Ce discours, qui avait arraché les hauts cris de la presse monarchique, devait aussi exciter les colères des *bonnets à poil* de l'Assemblée nationale. La commission de permanence demanda des explications au gouvernement ; M. Thiers crut devoir désavouer les doctrines que M. Gambetta avait professées à Grenoble et blâmer la campagne des banquets.

Cette déclaration avait paru calmer les rancunes de la droite, lorsque le Message de M. le Président de la République est venu la frapper dans ses plus chères espérances.

On connaît les funestes péripéties de cette crise gouvernementale dont M. Gambetta a été le prétexte et dont le véritable but était le renversement de M. Thiers et l'anéantissement de la République. La droite avait déjà commencé le siége du pouvoir. A la tête des assaillants, le général Changarnier espérait bien emporter la place d'assaut. N'a-t-il pas écrit qu'il avait la volonté et l'habitude de vaincre... Il a été battu... Mais il n'a pas capitulé. Il est vrai qu'il ne s'agissait pas ici de livrer une forteresse.

Le gouvernement n'ayant obtenu qu'une victoire stérile, la crise continuait à agiter le pays, à troubler tous les intérêts, à arrêter l'essor des affaires ! Coupée en deux grandes fractions qui se tiennent mutuellement en échec, l'Assemblée nationale paraissait impuissante à constituer un pouvoir fort et durable.

La panacée de ces situations inextricables, c'est l'appel au peuple. Le parti radical l'a compris, et de tous les points de la France on demande la dissolution de l'Assemblée nationale.

Gambetta, dans la séance mémorable du 14 décembre, s'est chargé de prouver la nécessité de remettre à une nouvelle assemblée les destinées de la République.

Tenir, pendant une heure et demie, dit un écrivain, la plus turbulente et la plus passionnée des majorités sur la question qui la blesse le plus profondément, le plus intimement ; poursuivre toute une longue exposition, méditée et raisonnée, à travers les passions ardentes, les colères prêtes à éclater, les cris s'échappant à chaque minute, sans rien abandonner, sans rien dissimuler, sans rien atténuer ; captiver, saisir et manier en maître cet auditoire violemment hostile ; le forcer à subir les vérités qui l'atteignent personnellement ; être à la fois le plus irréprochable des théoriciens politiques et le plus ardent des lutteurs ; et, dans ce long discours si interrompu, si ferme, si logique, si noblement passionné, semé de réponses si vives, et développé à travers une véritable bataille, ne pas prononcer un mot dont ses adversaires aient pu profiter; ne pas risquer un argument auquel ils aient osé essayer de répondre; ne pas laisser échapper une personnalité par laquelle ils aient eu la ressource d'excuser celles qu'ils ont prodiguées... voilà ce qu'a fait Gambetta.

Ce qui surtout a profondément impressionné l'Assemblée, c'est le tableau qu'il a fait de son impuissance :

« Oui, s'est écrié l'orateur, je ne crois pas, quels que soient les procédés parlementaires que vous employiez, les ministres que vous fassiez, la formule parlementaire à laquelle vous ayez recours, je ne crois pas que vous puissiez sortir de cette impossibilité de créer une majorité véritablement compacte, véritablement unie, ayant des opinions politiques exactement les mêmes, s'incarnant visiblement, d'une façon absolument palpable dans un cabinet. Non, vous n'arriverez pas à la création d'une majorité stable; vous ne donnerez, par conséquent, au gouvernement aucune certitude sur son lendemain; la division sortira de toutes les urnes, et par conséquent vous ne ferez qu'à prolonger, qu'aggraver, qu'exaspérer la crise que traverse le pays et qui s'appelle : l'incertitude du lendemain ! (Vive approbation à gauche.)

Nous avons esquissé dans les premières pages de cette brochure la silhouette de Gambetta.

M. Pelletan a peint en traits saisissants la grande figure du chef de la gauche radicale.

« Tout le monde, dit-il, connaît le portrait, si souvent reproduit, du grand orateur. Le corps lourd, le masque ramassé et puissant, dessiné à gors traits, sommairement, la barbe noire, courte et rude, l'œil à fleur de tête, la bouche sonore, un froncement impérieux dans les sourcils. On dirait que la nature l'a modelé exprès, d'un modelé massif et frappant, pour être vu de loin, sur le grand théâtre politique, comme ces masques tragiques de l'antiquité, calculés pour faire porter sur les bancs les plus reculés de l'hémicycle à la fois l'expression et l'accent des passions.

« Ajoutez-y une voix profonde, vibrante, qui

remue, mais déjà fatiguée ; comme un bruit de
tonnerre lointain, voilée et assourdie ; des brus-
queries et comme des déchirements de coups de
foudre ; ajoutez aussi une action oratoire agitée,
des mouvements soudains de persuasion ou de
commandement ; calme d'abord, s'animant par
degrés, à mesure que la lutte s'irrite, jusqu'à ce
qu'enfin, le combat, définitivement engagé, il se
jette avec sa passion oratoire dans la mêlée,
secouant sa tête ardente au-dessus de la foule
soulevée, se pliant sur elle comme pour lui jeter
de plus près un doigt étendu d'un geste impérieux, frappant de la paume de la main le mar-
bre de la tribune ; croisant les bras d'un air de
défi, pour s'offrir de face aux cris et aux in-
sultes, et, en même temps, attentif à tout, prêt
à la riposte, ayant un regard, un mot et un geste
pour tous les interrupteurs. »

XIII

M. Gambetta, pendant tout le cours de sa carrière politique, a été en butte aux furieuses attaques et aux venimeuses imputations des ennemis de la République. Il a toujours dédaigné de répondre. Amené à s'expliquer devant la Commission d'enquête sur les actes du gouvernement de la Défense nationale, il a trouvé l'occasion, qu'il ne cherchait pas, de confondre ses accusateurs et d'écraser la calomnie.

Sa déposition nette, précise, lumineuse, souvent éloquente, toujours appuyée de preuves, se distingue par une grande hauteur de vue. Négligeant les misérables détails, les côtés mesquins, il expose, avec cette lucidité et cette sûreté d'appréciation qui n'appartiennent qu'aux hommes d'Etat, les actes multiples de son administration, et les événements qui ont marqué la fin de 1870 et le commencement de 1871. On sent, à la sincérité grave de sa parole, à la logique ferme et serrée de ses déductions, à la rapidité de ses récits à la fois nourris et sobres, qu'il comparaît devant l'Histoire. C'est qu'en effet, il était là, sur la sellette, presque en accusé. Et durant ce long interrogatoire où se sont agitées tant de questions, où se sont déroulés tant de faits, il n'a pas hésité un seul instant. La réponse et l'explication sont arrivées avec une aisance, une clarté, un à-propos qui ne dénotent pas seulement un éminent esprit, mais encore une âme forte et une conscience pure. Embrassant les sujets les plus divers, traitant les questions les plus opposées, il a montré une puissance de mémoire et de conception qui étonne.

La réponse de M. Gambetta devant la Commission d'enquête a été comme une révélation, et nous savons que sa lecture a fait tomber bien des hostilités et dissipé bien des préventions. Nous n'en ferons pas ici l'analyse, de crainte de la déflorer.

Nous nous bornerons à citer le passage suivant qui est la justification des généreux efforts qu'il a prodigués pour essayer de sauver le pays, et la condamnation de la paix à tout prix, à qui nous devons l'épuisement de nos finances et le démembrement de la patrie.

«Je suis convaincu, a-t-il dit, que, si le gouvernement de Paris, qui était un gouvernement prisonnier, n'avait capitulé que pour Paris, qui était son droit manifeste, mais ce qui était tout son droit, et s'il n'avait point engagé le pays, en stipulant la reddition de la France entière, je suis convaincu qu'avec les ressources dont on disposait, qu'on pouvait accroître et qui s'accroissaient effectivement tous les jours, le pays aurait fini par se débarrasser de l'invasion. Il n'y a pas de

peuple en Europe qui n'ait pas eu, à un moment
donné, l'étranger sur son sol, qui ne l'ait gardé
longtemps et qui n'ait fini par l'expulser, et à
force de quoi ? A force de génie et de combinai-
sons militaires ! Non ; par le courage, la ténacité,
la persévérance dans la lutte. Cela est arrivé aux
Autrichiens, aux Russes, aux Espagnols, aux
Anglais, nous, nous avons voulu en être débar-
rassés subitement, en quarante jours, à échéance
fixe, comme s'il s'était agi d'un effet de commerce. Les gens de Paris, en capitulant, ont
capitulé pour le reste de la France, contraire-
ment à leurs engagements les plus solennels et les
plus multipliés. On m'écrivait encore, au moment
où l'on traitait avec M. de Bismark, qu'on ne
traiterait que pour Paris. Je suis convaincu
qu'avec les soldats qu'on avait, avec les armées
qu'on pouvait faire et celles dont on disposait,
adossé au littoral, avec les ressources de la
marine et du crédit, la France qui n'était pas
prise tout entière, — on pouvait occuper le
Cotentin, l'Auvergne, les Cévennes, la vallée du
Rhône, — la France serait arrivée à épuiser l'ennemi, à forcer l'Europe à un concours effectif ;
on aurait sauvé ce qu'il fallait sauver au prix
des sacrifices les plus surhumains, l'intégrité de

la France. On aurait payé ce qu'il aurait fallu, mais qu'est-ce que cela aurait été en comparaison de l'indépendance et de l'honneur! »

Ce qui fait surtout l'éloge du patriotisme de Gambetta, c'est qu'il n'a jamais douté de son pays. C'est cette confiance dans la puissance et le génie de la France qui a inspiré l'énergie et l'indomptable ténacité de ses efforts. Après la défaite, sa conviction est encore inébranlable, et c'est avec de fiers accents qu'il vient venger la patrie des calomnies et des accusations de défaillance qu'on a fait peser sur elle.

« Je ne partage pas le moins du monde, dit-il, cette opinion qui nous abaisse devant l'étranger et à nos yeux, et qui consiste à dire que la France était dans un état de décadence morale et matérielle si grand, qu'elle n'a pas fait ce qu'elle devait faire. Au contraire, le pays a tout donné, et les hommes et l'argent, sans compter ; on s'est bien battu aussi bien que pouvaient le faire des troupes inexpérimentées, qui n'avaient à leur tête que le petit nombre d'officiers qui nous restait, et quand il était si difficile de nous en procurer. Aucun peuple dans l'Europe ni dans le monde n'aurait été capable d'un pareil effort. »

XIV

En terminant cette étude biographique, il est un dernier mérite que nous devons attribuer à M. Gambetta, c'est celui d'avoir transformé le parti républicain radical. La démocratie française a abandonné momentanément la politique révolutionnaire pour adopter une politique que l'on pourrait appeler gouvernementale. Sûre de l'avenir, elle fait œuvre de patience et de modération, et enseigne à tous, par son attitude, le respect des lois et de nos institutions. Elle montre ainsi, en présence de la violence des partis monarchiques, que seule elle est apte à gouverner.

Mettre la patrie au-dessus des partis, ne jamais séparer la patrie de la République, rassurer tous les intérêts, ouvrir la voie à toutes les activités, à toutes les nobles ambitions, ne demander que les réformes immédiatement réalisables, mais les demander sans relâche, avec toute l'énergie et par tous les moyens que la loi autorise, travailler sans cesse au relèvement et à la grandeur de la France, marcher d'un pas infatigable à la conquête du progrès, telle est la mission que s'est donnée le parti dont Gambetta est le chef.

FIN.

CÉLÉBRITÉS CONTEMPORAINES

Par Jules ROUQUETTE

Biographies illustrées de beaux Portraits

IN-8º A DEUX COLONNES

PRIX DE CHAQUE BIOGRAPHIE : 10 CENTIMES

Une Série de **10** Biographies : **1** Franc.

BIOGRAPHIES PUBLIÉES

GAMBETTA.	RANC.
THIERS,	TROCHU.
MAC-MAHON.	BAZAINE,
GARIBALDI.	SARDOU.
ROCHEFORT.	DUCROT.
VICTOR HUGO.	BORDONE.
DUC D'AUMALE.	COLONEL DENFERT.
CHANZY.	BOURBAKI.
CREMER.	STEENACKERS,
FAIDHERBE	CHANGARNIER
BLANQUI.	SCHŒLCHER.
COMTE DE CHAMBORD.	

PRÉLIMINAIRES

DU

PROCÈS BAZAINE

Récit le plus détaillé des opérations sous Metz
et de la capitulation de Bazaine.

35 LIVRAISONS A 10 CENTIMES. — 7 SÉRIES A 50 CENTIMES

LES

REINES GALANTES

Par Jules BEAUJOINT

Récits dramatiques
de la Vie intime des Reines de l'Europe
anciennes et modernes.

40 LIVRAISONS A 10 CENT. — 8 SÉRIES A 50 C.

FEUILLETONS ILLUSTRÉS

JOURNAL DE ROMANS

In-4° à 16 pages.

Prix : 10 centimes le Numéro.

ABONNEMÉNTS :

UN AN, **10** FR.; SIX MOIS, **5** FR. **50** CENT.

DÉLASSEMENTS ILLUSTRÉS

JOURNAL DE ROMANS

In-4° à 16 pages.

ABONNEMENT : UN AN, **10** FR.; SIX MOIS, **5** F. **50**

Ces deux Recueils publient, *tous les mardis*, des ouvrages
du plus grand intérêt, illustrés par le crayon
et le burin des meilleurs artistes.

BIBLIOTHÈQUE MIGNONNE

Volumes in-32 à **25** centimes.

LES AMOUREUX DE CLAIREFONTAINE, par Jules ROUQUETTE.
UN DRAME DANS LE BROUILLARD, par Ch. DIGUET.
NAVARRE ET CLAIRON, par Th. LABOURIEU.
LE DIABLE QUI S'EST FAIT ERMITE, par Jules ROUQUETTE.
GUY TÊTE-DE-FER, par Jules ROUQUETTE.
SUR LES BRUYÈRES, par Jules ROUQUETTE,
LE PORTEFEUILLE D'UN VIEUX CABOTIN, suivi du PÈRE MARTINGALE
nouvelle, par Al. BARALLE.

HISTOIRE

DES

CAPITULATIONS

ET DES

TRAHISONS CÉLÈBRES

PAR

ALBERT MAURIN.

30 Livraisons magnifiquement illustrées.
6 Séries à **50** Centimes.

Imprimé par Ch. Noblet, rue Soufflot, 18.